CLASSICAL CHINESE ESSAYS AN

CLASSICAL CHINESE CHRONICLES

中国古典文学编年史

PART 1

RUONING JIANG

江若宁

©2024 Ruoning Jiang.

ACKNOWLEDGEMENTS

I would like to express my deepest gratitude to all those who directly or indirectly helped completion of this book, which brings together the timeless wisdom of classical Chinese literature in the form of Classical stories and essays (文言文), accompanied by detailed explanations for the readers.

Special thanks go to the scholars and researchers who have delved into the depths of ancient Chinese literature, their work has been invaluable in providing the foundation for the text and their analyses presented here.

My appreciation also extends to the many linguists and educators who have shared their insights on the nuances of classical writing, making it possible for us to appreciate this ancient language in all its beauty and complexity. I am grateful to the librarians and archivists who have facilitated access to rare and precious texts, allowing me to explore the vast expanse of Chinese literary heritage.

INTRODUCTION

Introducing the "Classical Chinese Chronicles" book series (中国古典文学编年史系列书籍), a unique and comprehensive guide for foreigners eager to delve into the rich world of Chinese classical literature. Each volume in this series meticulously curates a diverse collection of ancient Chinese stories and essays, written in the elegant and time-honored style of Wenyanwen (文言文), accompanied by detailed explanations and translations.

Designed with the international reader in mind, "Classical Chinese Chronicles" bridges the gap between traditional Chinese literature and modern learners, making the intricate beauty of Wenyanwen accessible and engaging. Each chapter showcases a short Wenyanwen text, carefully selected to illustrate various aspects of Chinese history, philosophy, folklore, and literature. Following each text is a comprehensive explanation that breaks down the language barriers, explaining cultural nuances, fostering a deeper understanding and appreciation of the original work.

The series not only serves as a language-learning tool but also an immersive cultural experience, allowing readers to travel through time and explore the vast tapestry of Chinese thought and imagination. Whether you're a beginner fascinated by the beauty of ancient Chinese writing or an advanced learner seeking to deepen your knowledge, "Classical Chinese Chronicles" offers a treasure trove of stories and insights that will enrich your journey into the heart of Chinese classical literature.

CONTENTS

第一章：春暖花开
春暖花开

文言文故事：

春暖花开日，万物皆复苏。村南有桃林，繁花似锦簇。游人纷至来，笑语盈林间。有士人独步，心绪随风扬。望花思故人，往事如梦长。忽闻鸟语细，回首见莺翔。春意浓如酒，醉人心脾芳。士人吟哦起，诗成自徜徉。

解释：

标题： "春暖花开"四字，简洁而富有诗意，直接点明了故事发生的时间背景——春天，以及故事所传达的温馨、生机盎然的氛围。

故事正文：

随着春天的到来，天气转暖，万物复苏，展现出一派生机勃勃的景象。在村庄的南面，有一片桃花林，此时正值盛花期，桃花竞相开放，如同绚烂的锦缎铺展在大地上，美不胜收。

游客们被这美丽的景色所吸引，纷纷前来观赏，林间回荡着他们的欢声笑语，为这春日增添了几分热闹与活力。然而，在这热闹的场景中，有一位士人却独自漫步于桃林之中，他的心情似乎并未完全沉浸在这春日的喜悦之中。

士人望着眼前的桃花，心中不禁涌起对故人的思念。那些与故人共度的美好时光，如同梦境一般，虽已远去，却依然清晰地留在他的记忆中。此刻，他仿佛能感受到故人的气息，穿越时空，与他一同欣赏这满园的春色。

正当士人沉浸在思绪之中时，一阵细微的鸟鸣声打破了周围的宁静。他回过头去，只见一只黄莺在枝头欢快地跳跃，唱着悦耳的歌谣。这突如其来的生机与活力，让士人的心情也随之变得轻松起来。

他深深地吸了一口气，感受着春天那浓郁的气息，仿佛连空气中都弥漫着醉人的芬芳。在这一刻，士人仿佛被春天的魔力所感染，所有的烦恼与忧愁都烟消云散。他情不自禁地吟咏起诗句来，表达着对春天的热爱与赞美。

随着诗句的流淌，士人的心灵也得到了前所未有的释放与自由。他在这春暖花开的季节里，找到了属于自己的那份宁静与美好。而这一切，都将成为他心中永恒的记忆，伴随着他走过未来的每一个春天。

第二章：青山绿水

青山绿水

文言文故事：

青山横北郭，绿水绕东篱。隐士居其间，心远地自偏。日出而作息，月升而吟诗。松风伴琴韵，鹤舞映云池。世事如尘梦，此中得真意。不求名利禄，但愿长栖迟。

解释：

标题： "青山绿水"四字，勾勒出一幅宁静致远的山水画卷，预示着故事将围绕自然之美与隐士生活展开。

故事正文：

在遥远的北方，有一座巍峨的青山，它静静地横亘在城郭之外，仿佛是天地间的一道屏障，守护着这片土地的安宁。而在青山的东侧，一条清澈的绿水蜿蜒流淌，它绕过了一座座篱笆小院，为这片土地带来了无尽的生机与活力。

就在这青山绿水之间，住着一位隐士。他远离尘嚣，选择在这清幽之地安身立命。他的心境高远，仿佛与世隔绝，即便身处人间，也能感受到一种超脱世俗的宁静与自由。

隐士的生活简单而规律，他日出而作，日落而息，遵循着大自然的节奏。每当夜幕降临，明月高悬之时，他便会在院中抚琴吟诗，让琴声与松风共鸣，让诗意与月光交融。他的生活虽不奢华，却充满了诗意与远方。

在这片青山绿水之中，隐士还养了几只仙鹤。它们时而翩翩起舞于云池之上，时而悠闲地漫步于林间小道。仙鹤的灵动与飘逸，为这幽静的山谷增添了几分生机与活力。而隐士也常常与仙鹤为伴，他们相互守望，共同享受着这份宁静与美好。

对于隐士而言，世间的名利与权势都如同过眼云烟，他早已看淡了一切。他所追求的，不过是这青山绿水间的真意与自由。他愿意长久地栖息于此，与大自然为伍，与心灵对话，度过一个又一个平凡而又充实的日子。

总结：这个故事通过描绘青山绿水间的隐士生活，展现了人与自然和谐共生的美好愿景。隐士的形象代表了那些追求精神自由与心灵宁静的人们，他们在喧嚣的尘世之外找到了属于自己的心灵归宿。而青山绿水则成为了这种生活方式的象征与寄托，让人们向往并追求着那份超脱与自由。

第三章：淡泊明志
淡泊明志

文言文故事：

淡泊之士，隐于山林，不求闻达于诸侯。居有竹舍数间，藏书万卷，日与松风为伴，月共清泉为友。耕田自给，钓水而食，心无俗累，志在青云。人或问之："君才高八斗，何不仕进以展宏图？"笑而应曰："吾志在山水之间，淡泊足以明吾心志，何必争名于朝市乎？"

一日，有客远来，见其境清幽，叹曰："此非人间烟火地，乃仙境也！"士笑指竹下琴曰："此中自有乐，何必羡仙家？"遂抚琴一曲，声如流水，悠扬入云，客听之忘归。

故事详解：

此故事名曰"淡泊明志"，讲述了一位隐士的高洁情操与超脱世俗的生活态度。这位隐士居住在深山之中，远离尘嚣，不追求功名利禄，亦不渴望在诸侯间扬名立万。他的居所简朴，仅有几间竹舍，却藏书丰富，显示出其深厚的学识与高雅的志趣。他每日与松风为伴，月夜则与清泉为友，过着自给自足、宁静致远的田园生活。

当有人问及他为何拥有如此才华却不步入仕途，以施展自己的抱负时，他淡然一笑，回答道："我的志向在于这山水之间，淡泊的生活足以让我明确自己的内心追求，又何必去朝堂之上争名夺利呢？"这句话深刻体现了隐士对于人生价值的独特理解和对于精神自由的执着追求。

某日，一位远方的客人来访，被隐士所居之地的清幽环境深深吸引，赞叹不已，认为这里宛如仙境。隐士则笑着指向竹下的古琴说："这里自有我的乐趣所在，又何必羡慕那虚无缥缈的仙家生活呢？"随后，他轻抚古琴，弹奏出一曲悠扬动听的旋律，如同流水般清澈，又似云雾般飘渺，让客人听得如痴如醉，忘却了归途。

整个故事通过隐士的言行举止和生活环境，展现了"淡泊明志"的深刻内涵。它告诉我们，在纷扰复杂的世界中保持一颗淡泊名利的心是多么重要。只有这样，我们才能真正明确自己的内心追求，找到属于自己的精神家园。同时，故事也传达了一种超脱世俗、追求自然和谐的生活理念，让人在喧嚣的尘世中感受到一丝清凉与宁静。

第四章：岁月如歌
岁月如歌

文言文故事：

岁月如歌，悠悠而逝。昔人已去，遗韵犹存。有士人者，居于江南水乡，见柳絮飘飞，桃花笑春，感时光之易逝，叹年华之不再。每至月夜，独步小桥之上，听流水潺潺，忆往昔峥嵘岁月稠。

忆往昔，同窗共读，意气风发，誓要凌云壮志，建功立业。然世事无常，或入仕途，或隐山林，各奔前程，渐行渐远。今回首，唯余清风明月，相伴左右。

岁月流转，白发渐生，士人笑对沧桑，曰："岁月虽逝，然心中之歌未止。昔日之梦，犹在心头。愿以余生，寄情山水，吟诗作画，以慰平生。"

故事详解：

此故事名曰"岁月如歌"，以文言文的形式描绘了一位士人对于岁月流逝的感慨与思索。故事开篇便以"岁月如歌，悠悠而逝"点题，表达了时间如流水般匆匆逝去的无奈与感慨。接着，通过士人居于江南水乡，目睹自然景色的变化，进一步触发了他对过往岁月的回忆与反思。

士人回忆起自己年轻时的同窗情谊和凌云壮志，那时的他们意气风发，满怀激情地追求着自己的理想与抱负。然而，世事难料，随着时间的推移，他们各自走上了不同的人生道路，有的步入仕途，有的则归隐山林，曾经的同窗好友也逐渐失去了联系。这种人生无常的感慨，让士人更加珍惜眼前所拥有的一切。

随着岁月的流转，士人的白发也悄悄爬上了鬓角。然而，他并没有因此而消沉或沮丧，反而以一种豁达的心态笑对沧桑。他说："岁月虽逝，然心中之歌未止。"这句话表达了他对过往岁月的怀念与珍惜，同时也展现了他对未来生活的乐观与期待。他希望自己能够在余生中寄情于山水之间，通过吟诗作画来慰藉自己的心灵，让生命之歌在岁月的长河中继续传唱。

整个故事通过士人的视角和经历，展现了岁月如歌的深刻内涵。它告诉我们，无论时间如何流逝，我们都应该珍惜当下、把握现在，用心去感受生活中的每一个美好瞬间。同时，我们也应该保持一颗年轻的心和积极向上的态度去面对人生的挑战与变化，让生命之歌永远充满活力和激情。

第五章：奋发向上

奋发向上

文言文故事：

士人李生，家道中落，而不坠青云之志。晨起而诵诗书，夜寐则思进取。尝言："命由己造，福自我求。奋发向上，何愁不兴？"

乡邻或笑其痴，以为穷途末路，难以回天。李生不以为意，益加勤勉。每遇困厄，辄以古人励志之语自勉，如"天行健，君子以自强不息"。

岁月不居，时节如流。数年之后，李生学识渊博，品行兼优，为乡里所重。遂应科举，一举成名，光耀门楣。人皆叹其奋发之力，曰："李生之成，非偶然也。"

故事详解：

此故事名曰"奋发向上"，讲述了一位名叫李生的士人在逆境中不屈不挠、奋发图强的故事。李生出身于一个家道中落的家庭，但他并没有因此而放弃对美好生活的追求和向往。相反，他更加坚定了自己的信念和决心，要通过自己的努力改变命运、实现理想。

每天清晨，当第一缕阳光洒满大地时，李生便开始了他的读书生活。他孜孜不倦地诵读诗书、汲取知识，直到夜幕降临才肯罢休。在夜晚的静谧中，他仍然思考着如何更好地提升自己、实现目标。他常常用"命由己造，福自我求"来激励自己，坚信只要努力奋斗、不断进取，就一定能够改变命运、创造幸福。

然而，李生的努力并没有立即得到乡邻们的理解和支持。有些人甚至嘲笑他自不量力、痴心妄想。但李生并没有因此而气馁或退缩，他更加坚定了自己的信念和决心。每当遇到困难和挫折时，他都会用古人的励志之语来鞭策自己、鼓舞斗志。他相信"天行健，君子以自强不息"的道理，认为只有通过不懈的努力和奋斗才能够实现自己的理想和目标。

经过数年的不懈努力和拼搏奋斗，李生终于取得了显著的成就。他学识渊博、品行兼优，赢得了乡亲们的尊重和赞誉。最终，他成功应考了科举考试并一举成名，为家族争得了荣誉和光彩。人们纷纷赞叹他的奋发之力和不屈不挠的精神风貌，认为他的成功并非偶然而是必然的结果。

整个故事通过李生的经历和奋斗历程展现了"奋发向上"的深刻内涵。它告诉我们只有坚定信念、不懈努力才能够战胜困难、实现理想；同时也提醒我们要有自信和勇气去面对挑战和困境，相信自己一定能够创造出更加美好的未来。

第六章：独具特色
独具特色

文言文故事：

村有匠人张氏，善制陶。其器皿异于常品，色彩斑斓，形态各异，独具匠心。人或疑之曰："何以异于众？"张笑而应曰："心之所向，手之所造，自成一格，何须从众？"

尝作一瓮，形似古鼎，而色彩斑斓，光华内敛。置于堂中，人皆惊叹其美。有富商欲以重金购之，张摇首曰："此瓮非卖品也，乃吾心血所凝，欲留以传世。"

又作茶具一套，杯盏皆小巧玲珑，上绘山水花鸟，栩栩如生。注水其中，仿若溪流潺潺，山林幽静。文人墨客得之，皆视为珍宝，竞相题诗其上。

张氏之陶，渐闻于四方。人皆慕其独具特色，不远千里而来求之。张氏笑而纳之，然制陶依旧，不以物喜，不以己悲，但求心之所安。

故事详解：

此故事名曰"独具特色"，讲述了一位名叫张氏的陶匠以其独特的创作风格和精湛的技艺赢得众人赞誉的故事。张氏善于制作陶器，他的作品与众不同，色彩斑斓且形态各异，每一件都蕴含着匠人的心血和独特的审美追求。

当有人质疑他的作品为何与众不同时，张氏坦然笑答："心之所向，手之所造，自成一格，何须从众？"这句话不仅展现了他对艺术创作的独特见解和自信态度，也揭示了其作品独具特色的根源所在——那就是他内心深处的创作激情和对美的追求。

张氏的作品中，有一件形似古鼎的彩陶瓮尤为引人注目。这件瓮色彩斑斓、光华内敛，置于堂中便能吸引所有人的目光。尽管有富商愿意出重金购买，但张氏却坚定地拒绝了诱惑，表示这件瓮是他心血所凝，欲留以传世。这再次证明了他对艺术的热爱和执着追求。

除了彩陶瓮外，张氏还创作了一套小巧玲珑的茶具。这套茶具上的山水花鸟图案栩栩如生，注水其中时更是仿佛能听到溪流潺潺、山林幽静的声音。文人墨客得之皆视为珍宝，竞相题诗其上以表赞美之情。

随着时间的推移，张氏的作品逐渐闻名于四方。人们纷纷慕名而来求购其作品，但张氏始终保持着一颗平常心。他制陶依旧不为外物所动，只求心之所安。这种淡泊名利、专注创作的态度也让他的作品更加珍贵和独特。

整个故事通过张氏的经历和作品展现了"独具特色"的深刻内涵。它告诉我们每个人都有自己独特的才华和创造力只要勇于追求和表达就能创造出与众不同的作品赢得他人的认可和尊重。同时故事也提醒我们要保持一颗平常心不为名利所累只专注于自己的内心追求和创作才能创造出真正有价值的作品。

第七章：琴瑟和鸣
琴瑟和鸣

文言文故事：

有士人夫妇，皆善琴瑟。夫弹琴而妻鼓瑟，每至月明星稀之夜，则相携至庭院，共奏乐章。其音和谐，如天籁之音，闻者无不陶醉。

或问之曰："何以能琴瑟和鸣至此？"夫妇笑而应曰："心有灵犀，情投意合，故能和谐共鸣。"

一日，有远客来访，闻其琴声瑟韵，叹为观止。客曰："此音只应天上有，人间难得几回闻。"夫妇笑而不答，但邀客共赏月色，复奏一曲。

曲终，客叹曰："吾闻琴瑟和鸣，乃夫妻和睦之象征。今观二位，果然名不虚传。"夫妇相视而笑，心中喜悦难以言表。

自此，夫妇之名益彰，人皆以"琴瑟和鸣"誉之。而夫妇亦以此为乐，终日以琴瑟为伴，共度悠悠岁月。

故事详解：

此故事名曰"琴瑟和鸣"，讲述了一对擅长琴瑟的士人夫妇，通过共同演奏乐器展现出的深厚情感和和谐生活。这对夫妇不仅技艺高超，更在心灵上达到了高度的契合与共鸣。

每当夜幕降临，月明星稀之时，夫妇俩便会携手来到庭院中，一人弹琴，一人鼓瑟，共同演绎出美妙的乐章。他们的演奏不仅技艺精湛，更蕴含着深厚的情感与默契。琴音与瑟韵交织在一起，和谐而美妙，如同天籁之音般令人陶醉。

有人曾好奇地问他们为何能如此和谐地演奏出如此美妙的音乐，夫妇俩笑着回答："心有灵犀，情投意合，故能和谐共鸣。"这句话道出了他们之间的深厚情感和默契配合。

一日，一位远道而来的客人有幸听到了他们的演奏，被其美妙的音乐深深打动。客人赞叹道："此音只应天上有，人间难得几回闻。"夫妇俩并未多言，只是邀请客人一同欣赏月色，并再次奏响了一曲。

演奏结束后，客人感慨地说："我听说琴瑟和鸣是夫妻和睦的象征，今日见到二位果然名不虚传。"夫妇俩相视而笑，心中充满了喜悦与满足。

从此以后，这对夫妇的名声更加远扬，人们都以"琴瑟和鸣"来赞誉他们。而夫妇俩也以此为乐，终日以琴瑟为伴，共同度过了许多美好的时光。这个故事不仅展现了音乐的美妙与和谐，更传递了夫妻间深厚情感和默契配合的重要性。

第八章：风吹草动

风吹草动

文言文故事：

风起兮，荒原苍茫。草低吟，似诉离殇。云卷云舒间，影动而声扬。一士人独行，衣袂飘飘，心怀幽思，步于野上。忽闻草动之声，疑有狐兔藏。顾盼左右，唯见风来草往，心乃释然，笑谓自然："尔亦多情，随风起舞，撩人心弦。"遂吟诗一首："风吹草动见微尘，野径独行思故人。云影悠悠心自远，天涯何处觅知音。"言罢，继续前行，留风与草，共舞于无垠。

故事详解：

此故事以"风吹草动"为题，描绘了一幅宁静而又略带孤寂的野外景象。开篇"风起兮，荒原苍茫"，便设定了一个广袤无垠、风起云涌的背景，营造出一种苍茫、辽远的氛围。随后，"草低吟，似诉离殇"，通过拟人化的手法，赋予草以情感，仿佛它们在低语，诉说着离别的哀愁，增添了故事的情感色彩。

接着，"云卷云舒间，影动而声扬"，进一步描绘了风的动态美，以及风与云、草之间的相互作用，使得整个画面生动起来。此时，一位士人步入画面，"一士人独行，衣袂飘飘，心怀幽思，步于野上"，他的出现为这静谧的野外增添了一抹人文气息，也引出了故事的主要情节。

士人行走间，突然听到"草动之声"，心中不禁生疑，以为有狐兔等小动物藏匿其中。然而，当他环顾四周，却发现只是"风来草往"，并无他物。这一情节的设置，既体现了士人的敏感与细腻，也寓含了人生中的许多误会与释然——很多时候，我们心中的疑虑与不安，往往只是自己内心的风起云涌，而事实却往往简单明了。

最后，士人"笑谓自然"，以豁达的心态接受了这一切，并吟诗抒怀，表达了自己对自然的热爱与对人生的感悟。整个故事以士人的释然与超脱作为结尾，传递出一种积极向上、随遇而安的人生态度。同时，也通过"风吹草动"这一自然现象，寓意着世间万物皆有其规律与节奏，我们应当学会顺应自然、顺应生活。

第九章：鸟语花香

鸟语花香

文言文故事

春日既至，万物复苏。山峦叠翠，溪水潺潺。有林深之处，鸟语花香，景致殊绝。鸟鸣啾啾，或高或低，似奏天籁之音；花香馥郁，或浓或淡，如洒甘露之泽。

士人张生，性好山水，闻此佳境，欣然往游。步入林间，心旷神怡，仿佛尘嚣尽忘。但见群鸟翩跹，或翱翔于蓝天，或栖息于枝头，鸣声相应，和谐共生。花影摇曳，红杏出墙，桃花笑春，百花争艳，美不胜收。

张生漫步其间，忽闻一曲清歌，悠扬婉转，似自花间传来。循声而往，见一女子，姿容秀丽，手执花篮，正采撷芳菲。女子见张生，微笑颔首，以花相赠，曰："公子雅兴，愿此花能添君之欢颜。"

张生感其意，亦以诗相和："鸟语声声传春意，花香阵阵醉人心。此景只应天上有，人间难得几回寻。"女子闻诗，笑靥如花，更添春色几分。

二人相谈甚欢，共赏春光，不觉日已西斜。张生辞别，女子赠以花种，曰："愿公子归家后，亦能种此花于庭院，常伴鸟语花香。"张生珍重受之，依依不舍而去。

自此，张生家中亦常有鸟语花香，每思及此，皆感女子之情深意重，如春日之花，常开不败。

故事详解

《鸟语花香》讲述了一位士人张生在春日里寻幽探胜，偶遇一美丽女子于林间采花的故事。张生被林中的鸟语花香所吸引，心情愉悦，仿佛置身于世外桃源。在此美景中，他偶遇了那位手执花篮、姿容秀丽的女子，两人因花结缘，相谈甚欢。女子不仅以花相赠，还赠予张生花种，寓意着希望这份美好的情感能够延续至他的家中，让他在日常生活中也能常伴鸟语花香。

整个故事充满了诗意与画意，通过描绘春日里的自然美景和人物之间的温馨互动，展现了人与自然、人与人之间的和谐共处。同时，也寄托了人们对美好生活的向往和追求。在文言文的表达下，故事更显得古朴典雅，富有韵味。

第十章：岁月静好
岁月静好

故事正文：

昔有桃源村，隐于群山环抱之中，溪水潺潺，林木葱郁。村中居民，皆淳朴善良，日出而作，日落而息，无争于世，岁月安然。

村有老叟，姓李名安，年逾古稀，须发皆白，而精神矍铄。日则耕于南亩，夜则读于西窗，诗书传家，乐在其中。其子孙绕膝，承欢膝下，家道和睦，人皆羡之。

一日，春光明媚，李安携幼孙踏青于山野。山间花开烂漫，鸟鸣声声，童声笑语，回荡林间。孙儿指花问名，李安一一答之，并授以草木之性，天地之理。孙儿聆听，若有所悟，笑靥如花。

归途，夕阳斜照，炊烟袅袅。村中鸡犬相闻，一派祥和。李安与孙儿缓步而归，心中默念："岁月静好，愿得长如此。"

故事详解：

此篇《岁月静好》以文言文形式，描绘了一幅世外桃源般的宁静生活画卷。故事发生在名为桃源的村落，这里远离尘嚣，自然环境优美，居民生活简朴而和谐。

主人公李安，是一位年高德劭的老者，他不仅勤劳耕作，还热爱诗书，将这份文化传承给后代。他的家庭幸福美满，子孙孝顺，共同享受着这份宁静与和谐。

故事的高潮部分，是李安携幼孙踏青的场景。春日里，万物复苏，祖孙俩在山间漫步，享受着大自然的馈赠。李安不仅让孙儿领略了自然之美，还寓教于乐，传授给他关于草木、天地的知识，体现了深厚的家族文化底蕴和亲情纽带。

最后，随着夕阳西下，祖孙俩满载而归，心中充满了对这份宁静生活的珍惜与感激。李安的心声"岁月静好，愿得长如此"不仅表达了他对当前生活的满足与向往，也寄托了对未来美好生活的期许。整个故事以温馨、和谐的氛围收尾，给人以深刻的启示和美好的感受。

第十一章：瞬息万变

瞬息万变

故事正文：

昔有行者，名曰子游，负笈游于四海。一日，行至幽谷，山色空濛，云雾缭绕。子游心旷神怡，欲穷其林。俄而风起，云卷云舒，瞬息之间，天地变色。

初时，日丽风和，鸟语花香，宛若仙境。子游漫步其间，乐而忘返。未几，黑云压城，电闪雷鸣，大雨倾盆而至。子游急避于岩穴之下，望外间风雨如晦，感慨系之。

须臾，雨过天晴，彩虹横跨天际，绚烂夺目。子游出穴，但见溪水暴涨，草木葱茏，一派生机盎然。乃悟世间万物，瞬息万变，不可执一而守。

复前行，遇一老叟，坐于溪畔，垂钓自若。子游问曰："世事纷扰，何以得此宁静？"老叟笑答："心随境转，境由心生。万物皆空，唯变不变。顺应自然，则心自安。"

子游闻言，豁然开朗。乃知人生如行路，风雨兼程，唯有心怀坦荡，方能笑对瞬息万变之世。遂拜谢老叟，继续其游历之旅，心怀敬畏，步履不停。

故事详解：

此故事以"瞬息万变"为题，通过子游的一次游历经历，展现了世间万物变化无常的哲理。故事开篇，子游在幽谷中享受自然美景，随后天气骤变，风雨交加，再转为雨过天晴，彩虹高挂，这一系列变化迅速而剧烈，象征着世间万物瞬息万变的特性。

在避雨过程中，子游偶遇老叟垂钓，通过与老叟的对话，子游领悟到"心随境转，境由心生"的深刻道理。老叟的话意味着人的心境会随着外界环境的变化而变化，但真正决定心境的是人内心的态度。只有顺应自然，保持内心的宁静与坦荡，才能不被外界的变化所扰，达到真正的宁静与自在。

最后，子游在领悟这一哲理后，心怀敬畏，继续其游历之旅。这一结局不仅体现了子游的成长与变化，也寓意着每个人在面对瞬息万变的世界时，都应保持一颗敬畏之心，顺应自然规律，以平和的心态去面对生活中的各种挑战与变化。

第十二章：繁花盛开

繁花盛开

正文：

春日既至，万物复苏，园圃之中，繁花盛开。桃之夭夭，灼灼其华；杏之粲粲，若云之霞。杨柳依依，绿丝绦绦；兰芷葳蕤，香溢四野。蜂蝶纷至，翩跹起舞，乐而忘返。游人如织，或吟诗作对，或赏花品茗，皆陶醉于春光之盛景也。

有士人名逸，独步于花间小径，心旷神怡，叹曰："夫繁花之盛，非一日之功，乃四季轮回，天地之精华所聚也。吾人观之，当思自然之恩赐，珍而重之。"言罢，折一枝桃花，轻嗅其香，复插于发间，笑而去之。

解释：

此篇短文以"繁花盛开"为题，描绘了一幅春日里花园中繁花似锦、生机勃勃的美丽画卷。随着春天的到来，万物开始复苏，花园中各种花卉竞相绽放，桃花娇艳欲滴，杏花洁白如雪，宛如天边绚烂的云霞。杨柳枝条轻柔垂下，宛如绿色的丝带，兰花与白芷等香草茂盛生长，香气四溢，弥漫在整个田野。蜜蜂和蝴蝶也被这花香吸引，纷纷前来，在花间翩翩起舞，乐而忘返。

游人们也纷纷来到花园中，他们或吟诗作对，抒发内心的喜悦与感慨；或赏花品茗，享受这难得的悠闲时光。每个人都沉浸在这春光烂漫的美景之中，流连忘返。

在这群游人之中，有一位名叫逸的士人，他独自漫步在花间小径上，心情格外舒畅。他望着眼前这繁花似锦的景象，不禁感叹道："这些繁花的盛开，并非一日之功所能成就，而是四季轮回、天地精华汇聚的结果。我们观赏这些美景时，应当想到这是大自然的恩赐，应当倍加珍惜和爱护。"说完这番话后，他轻轻折下一枝桃花，放在鼻前轻嗅其香，然后又将它插在发间，带着微笑离开了花园。

这篇短文通过描绘春日花园中的繁花盛开景象以及士人逸的感慨与行动，表达了作者对大自然的热爱与敬畏之情，同时也提醒人们要珍惜和爱护自然环境中的美好事物。

第十三章：风和日丽

风和日丽

正文：

春日融融，风和日丽。天朗气清，惠风和畅。山川草木，皆沐春光。溪水潺潺，清澈见底，游鱼戏水，乐而忘返。

村居之畔，有老翁携幼孙，漫步于田埂之上。老翁手持竹杖，步履稳健；幼孙蹦跳嬉戏，欢声笑语。沿途观花赏柳，老翁指点江山，讲述往昔农耕之事，幼孙侧耳倾听，目露神往。

时至午后，阳光渐暖，二人寻一树荫处歇脚。老翁取出干粮，与幼孙共享。食毕，幼孙依偎于老翁怀中，闭目养神，似入梦乡。老翁则轻抚其背，目光温柔，满含慈爱。

俄而风起，吹拂杨柳，绿波荡漾，景致更佳。幼孙醒转，见状大喜，欲起身再游。老翁笑而应允，二人复携手前行，融入这风和日丽、春色满园之中。

解释：

此篇短文以"风和日丽"为题，展现了一幅春日里宁静而温馨的画面。故事发生在春日的一个晴朗日子，天空湛蓝，阳光明媚，微风和煦，让人感到格外舒适。在这样的好天气里，山川草木都沐浴在温暖的春光之中，展现出勃勃生机。溪水清澈见底，游鱼在水中自由自在地嬉戏，享受着大自然的恩赐。

在这样一个美好的日子里，一位老翁和他的幼孙在村居之畔的田埂上漫步。老翁手持竹杖，步履稳健，显得从容不迫；幼孙则蹦蹦跳跳，欢声笑语不断，充满了童真与活力。沿途，他们欣赏着美丽的景色，老翁还不时地指点江山，向幼孙讲述往昔的农耕之事，让幼孙在游玩的同时也能学到一些知识。

随着时间的推移，阳光逐渐变得温暖起来，老翁和幼孙找到了一处树荫处歇脚。老翁取出干粮与幼孙共享，两人边吃边聊，享受着这难得的悠闲时光。饭后，幼孙依偎在老翁的怀中闭目养神，似乎进入了梦乡。老翁则轻抚着幼孙的背脊，目光中满含慈爱与温柔。

不久之后，一阵微风吹过，吹拂着杨柳的枝条轻轻摆动，绿波荡漾，使得景致更加美丽动人。幼孙被这美丽的景色所吸引，从梦中醒来并兴奋地想要继续游玩。老翁笑着应允了幼孙的请求，两人再次携手前行，融入了这片风和日丽、春色满园的美好景象之中。

这篇短文通过描绘老翁与幼孙在风和日丽的春日里漫步游玩的场景，展现了亲情的温暖与大自然的和谐美好。同时，也表达了作者对宁静乡村生活的向往与赞美。

第十四章：欢声笑语

欢声笑语

正文：

岁在丰稔，民乐其业。村中庆典，欢声笑语盈门巷。男耕女织，各安其分，而此日皆释耒耜，聚于广场，共庆丰年。

乐声起，丝竹之音绕梁不绝，舞者翩翩，衣袂飘飘，宛若仙子下凡。孩童嬉戏于侧，追逐打闹，笑声如铃，清脆悦耳。长者围坐，或弈棋对饮，或谈笑风生，各得其乐。

忽有壮士，挺身而出，手持长鞭，舞动生风，引来众人围观。壮士挥鞭如龙，气势磅礴，观者无不喝彩。继而，壮士邀众人共舞，无论老幼，皆欣然应之。于是，场上人潮涌动，欢声笑语响彻云霄。

时至黄昏，庆典未歇。灯火通明，映照着每一张洋溢着幸福与满足的脸庞。人们或举杯相庆，或相拥而泣，皆因感恩于天地之恩赐，珍惜此刻之欢聚。

解释：

此篇短文以"欢声笑语"为题，描绘了一个村庄在丰收之年举办庆典的欢乐场景。故事发生在一个风调雨顺、五谷丰登的年份，村民们因为辛勤劳动得到了丰厚的回报，因此决定举办一场盛大的庆典来庆祝这一年的好收成。

庆典在村庄的广场上举行，男男女女、老老少少都放下了手中的农具，聚集在这里共同欢庆。乐声悠扬，丝竹之音绕梁不绝，舞者们翩翩起舞，衣袂飘飘，如同仙子下凡一般美丽动人。孩童们在旁边嬉戏打闹，笑声清脆悦耳，为庆典增添了无限的生机与活力。

此时，一位壮士挺身而出，他手持长鞭，舞动生风，展现出惊人的技艺和气势。观众们纷纷围观喝彩，被壮士的英勇和豪迈所感染。随后，壮士邀请众人共同起舞，无论是老人还是孩子，都欣然应允加入其中。整个广场上人潮涌动，欢声笑语此起彼伏，形成了一幅热闹非凡、和谐美好的画面。

随着夜幕降临，庆典并未因此停歇。村庄中灯火通明，照亮了每一张洋溢着幸福与满足的脸庞。人们或举杯相庆表达喜悦之情；或相拥而泣感慨生活之不易与今日之欢聚之难得。在这个充满欢声笑语的夜晚里，每个人都深刻感受到了天地之恩赐和亲情友情之温暖与珍贵。

第十五章：岁月无痕

岁月无痕

正文：

岁月如梭，忽然而已。昔日繁华，今成荒墟。古道边，老树苍苍，枝叶稀疏，见证沧桑。

有书生名逸，偶经此地，驻足凝望。忆往昔，此地车水马龙，人声鼎沸；观如今，唯余断壁残垣，风卷残云。书生感慨系之，叹曰："岁月无情，转瞬成空。昔日繁华，何处寻觅？"

忽闻林间鸟语，清脆悦耳，似有所悟。书生循声而去，见一老者，鹤发童颜，坐于石上，悠然自得。书生上前请教："岁月匆匆，如何方能留痕？"

老者笑而不答，指向林间草木，曰："汝观此树，经年累月，根深叶茂，岂非岁月之痕？"又指飞鸟，言："彼之飞翔，羽翼渐丰，亦岁月之功。"

书生顿悟，曰："原来如此，岁月虽无痕，然万物生长，皆有其迹。人生在世，当如草木之繁茂，飞鸟之翱翔，方不负韶华。"

老者颔首，言："善哉，善哉。岁月虽逝，精神永存。愿君勉力前行，留名青史。"

解释：

此篇短文以"岁月无痕"为题，通过一位书生的所见所感，探讨了时间的流逝与生命的意义。故事发生在一片昔日繁华、今成荒墟的地方，书生逸偶然经过此地，看到眼前的景象不禁感慨万千。他回忆起往昔的繁华景象，再对比现在的荒凉，不禁对岁月的无情产生了深深的感慨。

然而，在书生的沉思中，他听到了林间清脆的鸟鸣声，这使他仿佛有所领悟。他循声而去，遇到了一位鹤发童颜的老者。书生向老者请教如何能在岁月的流逝中留下痕迹，老者则以自然中的草木和飞鸟为例，告诉他万物生长都有其轨迹和痕迹，岁月虽无痕，但生命的成长和进步就是岁月最好的见证。

书生听后恍然大悟，他明白了人生的意义不在于追求永恒的存在，而在于如何在有限的时间里活出自己的精彩和价值。他决心要像草木一样繁茂生长，像飞鸟一样自由翱翔，不负韶华，不留遗憾。

最后，老者对书生的觉悟表示了赞赏，并鼓励他勉力前行，用自己的努力和成就来留下名垂青史的痕迹。整个故事以书生的感悟和成长为主线，传递了珍惜时间、努力奋斗、追求卓越的积极信息。

第十六章：诗酒趁年华

诗酒趁年华

正文：

春光旖旎，花满枝头。士人名逸，雅好诗文，性嗜酒。一日，携壶独步于山林间，寻幽探胜，心旷神怡。

行至溪畔，见桃花灼灼，水波粼粼，逸心有所感，遂取笔蘸墨，于石上题诗一首，以寄情怀。诗云："春色满园关不住，一枝红杏出墙来。今朝有酒今朝醉，莫负诗酒趁年华。"

题罢，逸开怀畅饮，酒香四溢，与花香交织，更添几分雅致。醉眼朦胧中，逸仿佛置身仙境，与天地万物共舞，忘却尘嚣。

俄而，风来，花瓣随风飘落，轻拂过逸之面颊，似有所语。逸笑而吟之："落花有意随流水，流水无心恋落花。且将诗酒寄余生，不羡神仙不羡侠。"

日已西斜，逸方醒觉，然心中诗兴未减，酒意犹存。遂负手而立，遥望远方，心中默念："诗酒趁年华，莫待白发空悲切。"

解释：

此篇短文以"诗酒趁年华"为题，描绘了一位士人名逸在春日里寻幽探胜、以诗酒寄情的场景。故事发生在春光明媚、花满枝头的时节，士人逸独自一人携带酒壶漫步于山林之间，享受着大自然的宁静与美好。

行至一条清澈的小溪旁时，逸被眼前的美景所打动：桃花盛开，水波粼粼，一片生机勃勃的景象。他心中涌起无限感慨，于是取出笔墨，在溪边的一块石头上题写了一首诗来寄托自己的情怀。这首诗以春色和桃花为引子，表达了逸对时光易逝、应及时行乐的感慨和追求诗酒人生的豁达态度。

题完诗后，逸开怀畅饮起来，酒香与花香交织在一起，更增添了几分雅致和浪漫。在醉眼朦胧中，他仿佛置身于仙境之中，与天地万物共舞，忘却了尘世的烦恼和喧嚣。

然而，美好的时光总是短暂的。当一阵风吹过，花瓣随风飘落时，逸从醉意中醒来。他望着这些飘落的花瓣和流淌的溪水，心中又涌起了一股淡淡的哀愁和无奈。但他很快又调整了自己的心态，以乐观和豁达的态度面对这一切。他笑着吟出了一句诗来回应这种情感上的转变："落花有意随流水，流水无心恋落花。且将诗酒寄余生，不羡神仙不羡侠。"

最后，随着夕阳西下，逸也结束了这次难忘的寻幽之旅。虽然他已经从醉意中醒来，但心中的诗兴和酒意仍然未减。他负手而立，遥望远方，心中默念着那句"诗酒趁年华，莫待白发空悲切"的警世恒言来激励自己珍惜时光、追求诗酒人生的美好境界。

Milton Keynes UK
Ingram Content Group UK Ltd.
UKHW051824061024
449205UK00010B/62